글씨
바로쓰기

속담편(저학년) 1

바른 글씨

스쿨존에듀

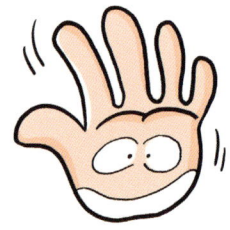

"손이 수고해야 먹고 산다"

내가 쓴 글을 내가 못 읽는다?
- 글씨는 그 사람의 인격을 나타낸다.

깨끗하고 단정한 글씨가 좋은 점수 받는다

방학 중 논술교육에 대한 연수를 받다가 웃지 못할 이야기를 들었습니다. 한 중학교 선생님에게 "초등학교에서 어느 정도까지 지도해서 올려 보내야 할까요?"라고 물었더니 "본인이 쓴 글, 스스로 알아보고 읽을 수 있게나 해 달라"고 하였답니다.

요즘 어린이들은 텔레비전, 인터넷, 유튜브 등에 익숙해져 있는 영상세대로 무엇에 집중하는 인내심이 부족하고 논리적인 사고를 거부하는 경향이 많습니다. 국어과에 '쓰기' 과정이 있음에도 스마트폰이나 컴퓨터 자판을 주로 두드리다 보니 쓰기를 귀찮아하며 글씨가 엉망인 어린이들을 자주 만나게 됩니다.

컴퓨터에는 다양하고 예쁜 글씨가 많이 들어 있어 수퍼마켓에서 물건을 고르듯 자기가 원하는 글씨를 마음대로 선택해 사용할 수 있으나, 막상 학교 내 필기시험이나 수행평가, 더 나아가 논술 시험 등은 자필로 해야 합니다. 보기 좋은 떡이 맛도 좋다고 깨끗하고 단정한 글씨로 써 내려간 글은 설득력이 더 있어 보여 읽는 이의 마음을 붙잡게 됩니다.

예로부터 글씨는 마음의 거울이며 그 사람의 됨됨이를 말해 주는 것이라 하여 매우 중요하게 생각하였습니다. 그래서 인물을 평가하는 데 글씨는 큰 비중을 차지하였습니다. 우리나라는 물론 중국 당나라 때는 '신언서판(身言書判)'을 인재 등용의 기준으로 삼았습니다. 몸가짐, 말, 글씨, 그리고 판단력을 인물의 주요 평가 기준으로 삼았고, 정도의 차이는 있지만 지식기반의 첨단사회를 사는 요즘도 이러한 기준은 적지 않게 활용되고 있습니다. 논술이 입시에 중요한 위치로 부각되면서 각급 학교와 학부모들의 바른 글씨에 대한 관심이 높아진 때에 어린이 눈높이에 맞춘 부담없는 경필 쓰기 책이 나오게 되어 반가운 마음입니다.

그럼 바른 글씨는 어떻게 써야 할까요?

경필은 붓과 대비된 딱딱한 필기도구를 사용하여 궁서체로 쓰는 펜글씨를 말합니다.

개인적으로 어린이들은 꼭 궁서체를 고집할 필요는 없다고 생각합니다. 글씨 크기가 들쑥날쑥하지 않도록 일정하게 유지하는 것이 깔끔한 자신만의 글씨를 만드는 지름길 입니다.

이 책은 정자체를 견본으로 큰 칸, 작은 칸, 줄 칸 이렇게 구성돼 있어 천천히 모양을 생각하며 칸에 맞게 꾸준히 연습하다 보면 집중력도 좋아질 것입니다.

글씨를 바르게 쓰는 것은 마음을 바르게 갖는 연습도 됩니다. 차분한 마음과 바른 자세로 정성껏 글씨를 쓰다 보면 올바른 인성 형성뿐 아니라 한글을 사랑하는 마음도 기를 수 있습니다. 평생 간직해야 할 좋은 습관 중 하나가 책읽기와 바른 글씨쓰기가 아닐까 합니다.

또 어린이들에게 글씨쓰기 연습을 시키고자 할 때 적당히 쓸거리가 없어 의미 없이 책을 옮겨 쓰곤 했는데 이 책은 초등학생이 꼭 알아야 할 속담을 뜻풀이와 함께 곁들여 학습효과도 올릴 수 있어 활용 범위가 그만큼 더 넓습니다. 속담은 짧지만 날카로운 풍자와 유머가 섞여 있어 일상생활에 있어 언어적 통찰력과 사고력을 길러주어 자신의 생각과 정서를 효과적으로 표현하는 능력을 길러주는 데 많은 도움이 됩니다.

"손이 수고해야 먹고 산다"

이 말은 제가 교실에서 어린이들에게 자주하는 말 중 하나입니다.

손이 수고하며 이 책을 써 내려가는 동안 어린이들이 자신의 마음과 생각을 닮은 바르고 예쁜 글씨를 갖게 될 것을 기대하며 '뜯어 쓰는 즐거운 글씨쓰기'가 또 다른 주제로 계속 발간되기를 제안해 봅니다.

전 우촌초등학교 교장 김연숙

속담을 바르게 써 보세요

가는 말이 고와야 오는 말이 곱다

친구에게 말이나 행동을 좋게 해야 친구도 나에게 좋게 한다는 말이에요.
유사 가는 정이 있어야 오는 정이 있다

가는 말이 고와야 오는 말이 곱다

속담을 바르게 써 보세요

가랑니가 더 문다

가는 날이 장날

별일이 아니라서 시시하다고 생각했던 일이 더 힘들 때가 있죠.
단어 가랑니 : 깨어 나온 지 얼마 안 되는 새끼 머릿니.

생각하지 않고 간 날이 마침 장날이라는 뜻으로, 어떤 일을 하려고 하는데 뜻하지 않은 일을 당했을 때를 비유적으로 이르는 말이에요.

가랑니가 더 문다

가는 날이 장날

 속담을 바르게 써 보세요

가는 정이 있어야 오는

정이 있다

친구가 잘 해주기를 바란다면 먼저 친구에게 잘 대해 주어야 해요. 알았죠?
유사 가는 말이 고와야 오는 말이 곱다

가는 정이 있어야 오는 정이 있

다

속담을 바르게 써 보세요

가랑비에 옷 젖는 줄 모른다

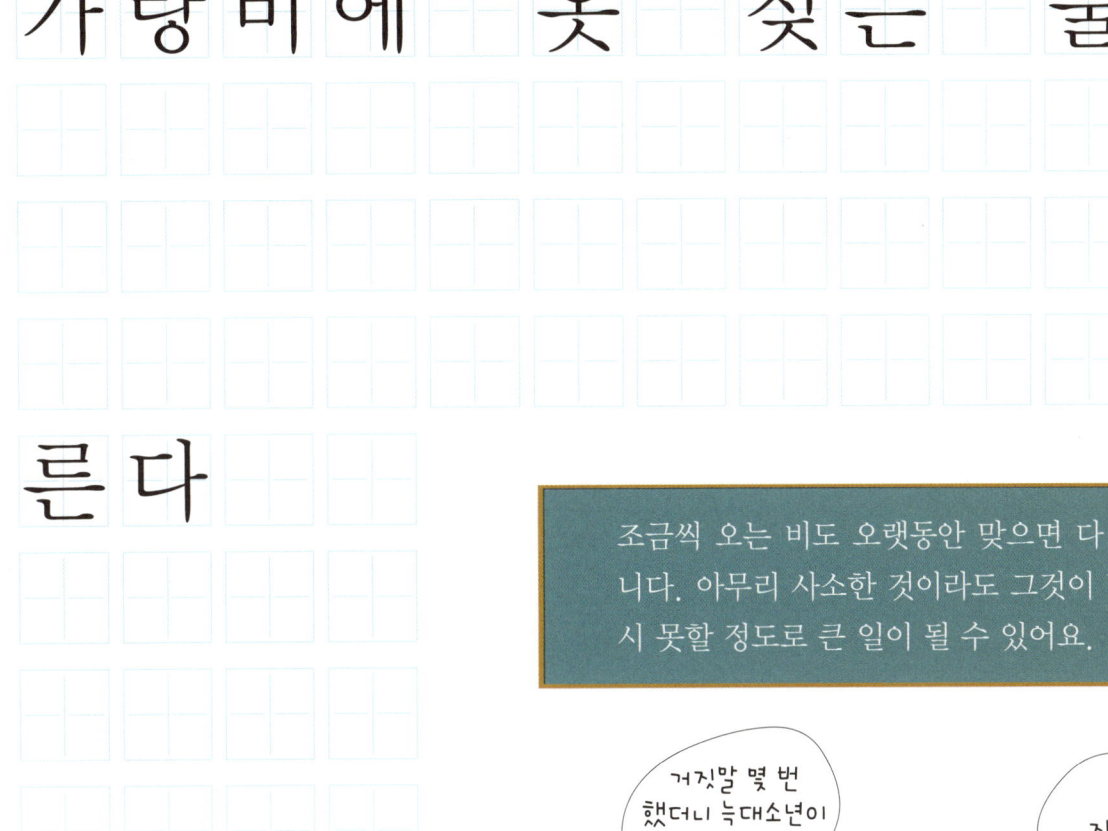

조금씩 오는 비도 오랫동안 맞으면 다 젖어버린답니다. 아무리 사소한 것이라도 그것이 반복되면 무시 못할 정도로 큰 일이 될 수 있어요.

가랑비에 옷 젖는 줄 모른다

 속담을 바르게 써 보세요

갈수록 태산

점점 더 힘들고 견디기 어려워지는 상황을 가리키는 말이에요.

갈수록 태산

 속담을 바르게 써 보세요

같은 값이면 다홍치마

값이 같거나 같은 노력을 해야 한다면 다른 것보다 좋은 것을 선택한다는 말이에요.

같은 값이면 다홍치마

 **콩트**

"동호야, 이 과자 동생이랑 똑같이 나눠 먹어. 알았지? 싸우지 말고."

"우와~ 맛있겠다! 알았어요. 엄마!"

엄마가 시장에 다녀오면서 맛있는 과자를 사 왔습니다. 과자를 보자 동호는 신이 나서 어쩔 줄 몰랐어요. 보기만 해도 먹음직스러워 입속에 군침이 가득 생길 정도였으니까요.

"야, 장윤호! 빨리 와봐! 안 오면 형이 다 먹는다!"

"잠깐만 … 나 이 책, 마저 보고 갈게. 형 먼저 먹고 있어."

"그럼 절반만 남겨둘게. 이따가 먹어."

혀끝에 닿자 스르르 녹아버리는 과자 맛에 동호의 손은 자꾸만 과자를 향합니다.

한 개를 먹고, 두 개를 먹고…. '아니, 벌써?'

동호는 순간 바닥난 자기 몫의 과자를 보고 아쉬움을 감출 수 없었습니다. 그 순간 절반이 그대로 남은 동생의 과자가 보였습니다.

'흐흐, 하나만 더 먹을까? 윤호가 알 게 뭐야.'

동호는 윤호의 과자를 하나 먹습니다. 하지만 과자의 달콤함에 동호의 손은 자꾸만 동생의 과자를 집기에 바쁩니다. 그렇게 한 개 두 개 먹다 보니 과자 봉지가 텅 비어버렸네요.

"형~ 나 왔어. 과자는?"

"어? 어, 어… 그러니까 … 형, 형이…."

"뭐야? 다 먹은 거야? 내 것 절반 남겨둔다며!"

"아니, 그러니까 … 먹다보니…
야! 장윤호, 니가 늦게 왔잖아!"

"★★★★ ○ ▲▲ □ ■■■더 니… 형은 정말 돼지야!

Q 상황을 떠올리며 동그라미 속에 들어갈 속담을 생각해 보세요.

A

속담을 바르게 써 보세요

개같이 벌어서 정승같이

쓴다

> 궂은일, 힘든 일 가리지 않고 번 돈을 보람있고 의미있게 쓴다는 말이에요. 화장실 청소, 아빠 신발 닦아드리기 등 형이 싫어하는 일을 해서 열심히 모은 돈으로 엄마 생신선물을 사드려 보세요.

다시 한번 써 보세요

개같이 벌어서 정승같이 쓴다

개같이 벌어서 정승같이

속담을 바르게 써 보세요

개구리 올챙이 적 생각 못한다

구구단을 못 외운다고 동생을 구박한 적은 없나요? 나도 똑같은 시절이 있었다는 것, 잊지 말고 겸손해지세요.

개구리 올챙이 적 생각 못한다

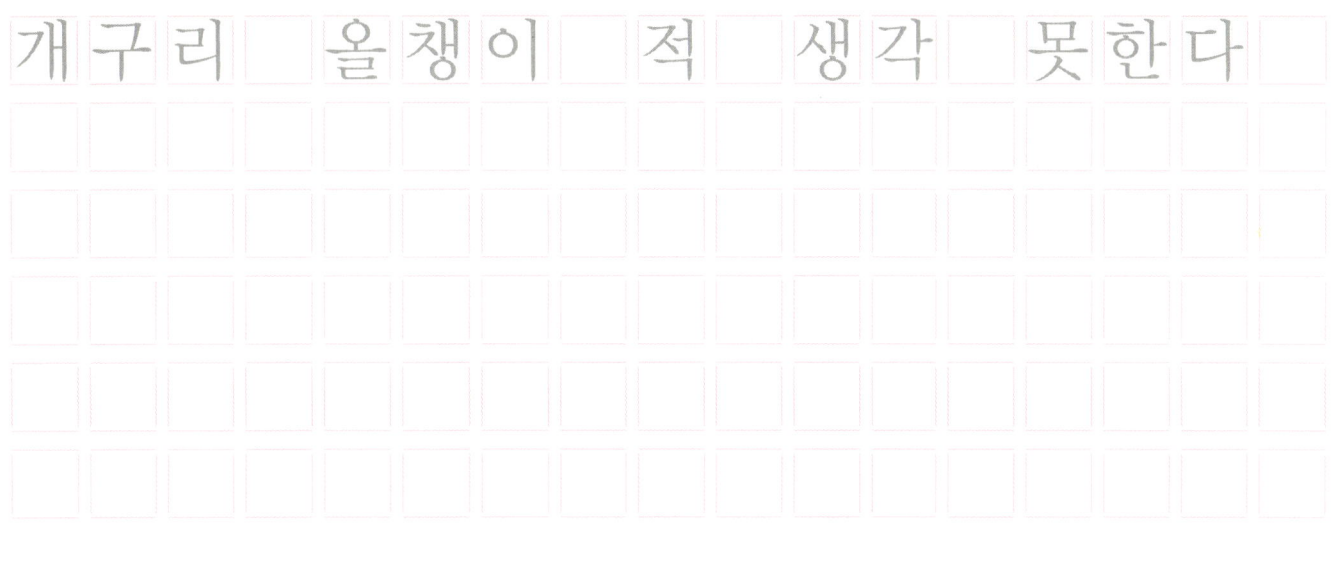

속담을 바르게 써 보세요

개밥에 도토리

개천에서 용 난다

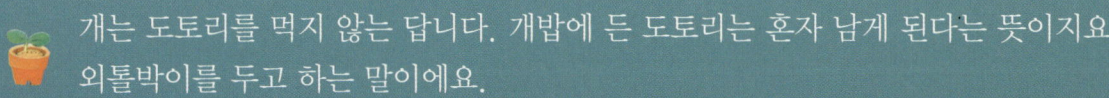

개는 도토리를 먹지 않는 답니다. 개밥에 든 도토리는 혼자 남게 된다는 뜻이지요. 외톨박이를 두고 하는 말이에요.

특별히 뛰어날 것 없는 집안에서 훌륭한 인물이 나는 경우에 하는 말로, 이들은 남들보다 몇 배 노력한 사람들이랍니다.

개밥에 도토리

개천에서 용 난다

속담을 바르게 써 보세요

계란에도 뼈가 있다

게 눈 감추듯 한다

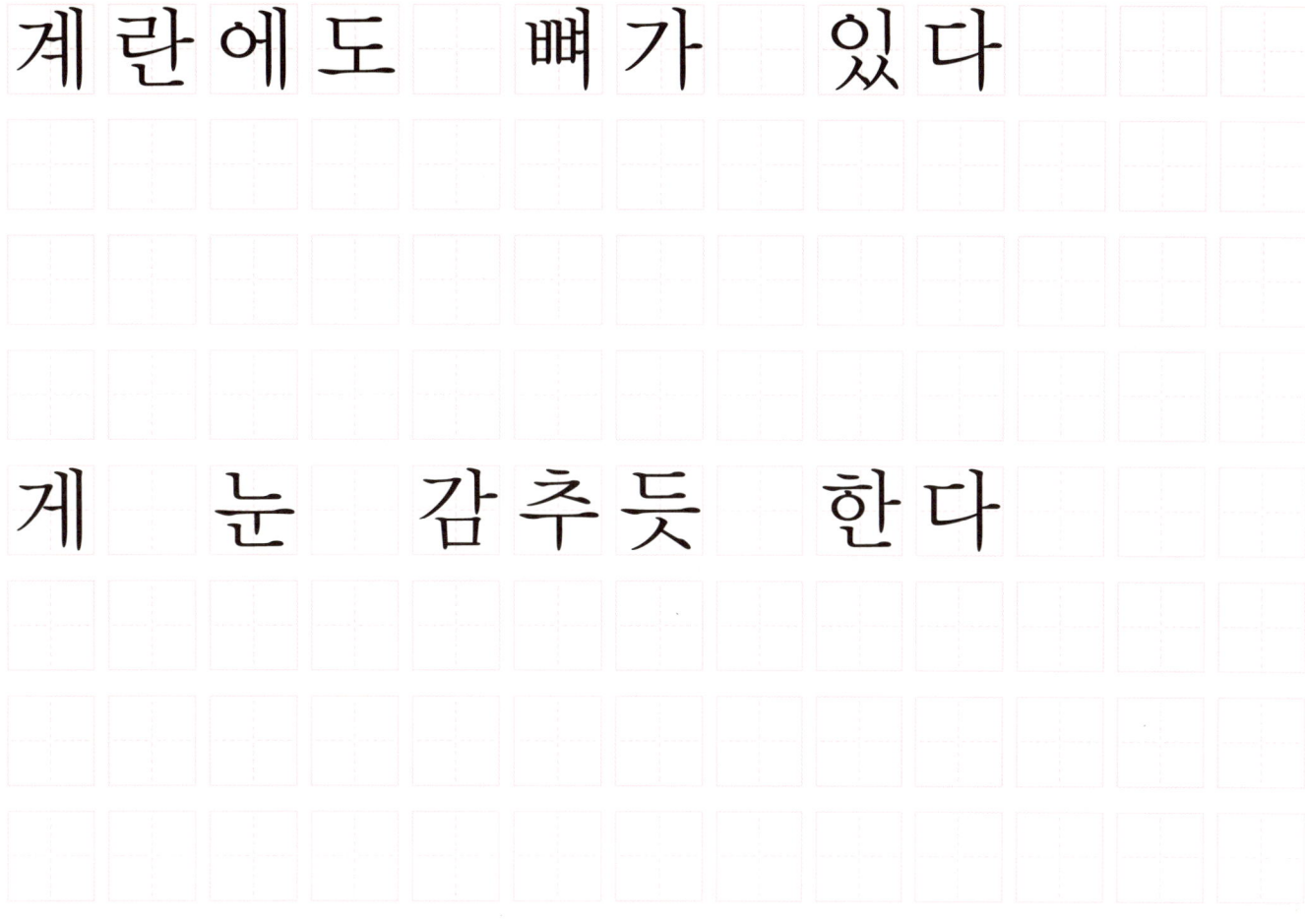

계란은 원래 뼈가 없는데, 뼈가 있다고 하니 정말 운이 없지요? 늘 축구를 못하던 철수는 축구 잘 하는 태호와 친하게 되어 기뻤는데 다음날 태호가 전학을 가 버리는 경우, 이런 상황에서 쓰는 말이에요. 유사 자빠져도 코가 깨진다

배고픈 동생이 음식을 정말 빨리 먹네요. "너 진짜 게 눈 감추듯이 빠르구나!"

계란에도 뼈가 있다

게 눈 감추듯 한다

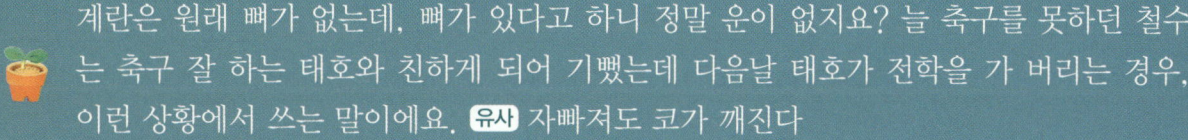

동생이 게 눈 감추듯 내 간식 홀랑 먹어버렸어.

속담을 바르게 써 보세요

고래 싸움에 새우 등 터진다

강한 사람들의 싸움에 끼여서 오히려 약한 사람이 피해를 본다는 말.

고래 싸움에 새우 등 터진다

속담을 바르게 써 보세요

고생 끝에 낙이 온다

무지개는 비가 온 뒤에 뜨죠. 구석구석 대청소가 끝나면 놀이동산에 갈 거예요. 고생한 보람이 있네요.

고생 끝에 낙이 온다

고양이 목에 방울 달기

쥐가 고양이 목에 방울을 달 수 있을까요? 그만큼 현실적으로 전혀 가능성이 없는 일을 두고 하는 말. 유사 마른 나무에 꽃이 피랴

고양이 목에 방울 달기

속담을 바르게 써 보세요

고양이한테 생선을 맡기다

동생에게 아이스크림 맡겨둔 채 놀다 오면 아이스크림이 남아 있을까요? 믿을 수 없는 사람에게 중요한 일을 맡기는 경우를 두고 하는 말이에요.

유사 ① 고양이 보고 반찬가게 지키란다 ② 도둑에게 열쇠를 준다

고양이한테 생선을 맡기다

 속담을 바르게 써 보세요

공든 탑이 무너지랴

공자 앞에서 문자 쓴다

 정성껏 쌓은 탑은 대충 쌓은 탑보다 훨씬 튼튼하겠죠? 노력하면 반드시 좋은 결과가 있을거란 뜻이에요. 유사 정성이 지극하면 돌 위에도 꽃이 핀다

 아무것도 모르면서 아는 척하고 아무 앞에서나 주책을 떤다는 뜻. 빈 깡통이 더 요란하고 시끄러운 법이죠. 단어 공자 : 옛날 중국의 훌륭한 학자.

공든 탑이 무너지랴

공자 앞에서 문자 쓴다

가로 뜻풀이

① 내가 가진 것보다 다른 사람이 갖고 있는 것이 더 좋아 보여 욕심을 낸다는 말이에요. 내가 가진 작은 떡에도 감사하는 마음이 중요해요.

② 어떤 원칙이 정해져 있는 것이 아니라 이랬다저랬다 그럴듯한 말로 꾸며대기 나름이라는 뜻이에요.

③ 아무리 좋은 것, 재미있는 일이 있어도 배가 부르고 난 뒤에야 좋은 줄을 알고 제대로 즐길 수 있다는 뜻이에요.

④ 아무리 훌륭한 사람 또는 좋은 물건이라도 자세히 보면 아주 작은 흠은 있다는 뜻이에요.

⑤ ① 논에 물을 빼면서 가재까지 잡으니 한 가지 일로 두 가지 이득을 본다는 의미.
　② 가재를 잡으려면 도랑을 치기 전에 잡아야 하는데 일의 순서가 뒤바뀌었음을 나타내는 말.

세로 뜻풀이

① 바람 앞에 등불은 언제 꺼질지 몰라요. 매우 위태로운 상황에 놓였단 말이에요.

② 다른 사람의 안 좋은 점이 한 가지면 자신에게는 열 가지도 넘게 있을 수 있다고 해요. 이유없이 다른 사람 흉을 보지 말아야 한다는 의미예요.

③ 내 사정이 급해서 남의 사정까지 돌볼 수 없다는 말이에요.

④ 언덕이 있으면 소도 가려운 곳을 비벼서 긁을 수 있겠죠? 누구나 의지할 곳이 있어야 무슨 일이든 시작할 수 있다는 뜻이에요.

⑤ 사소한 나쁜 짓도 자꾸 반복하면 나중에는 큰 일을 저지르게 된다는 뜻이에요.

⑥ '내가 갖지 못할 바에야 남도 갖지 못하게 못쓰게 만들자'라는 잘못된 태도를 가리키는 말이에요.

속담을 바르게 써 보세요

구슬이 서 말이라도 꿰어

야 보배

아무리 좋은 재료도 보글보글 끓여야 맛있는 찌개가 될 수 있겠죠? 이처럼 아무리 좋은 것이라도 쓸모있게 만들어야 빛이 난다는 뜻이에요.
유사 부뚜막의 소금도 넣어야 짜다
단어 서 말 : 많은 양의 부피를 강조해서 이르는 말. 약 54리터.

구슬이 서 말이라도 꿰어야 보배

속담을 바르게 써 보세요

굳은 땅에 물 괸다

구렁이 담 넘어가듯

> 숙제 안 하고 슬쩍 넘어가려 했다가 수업시간에 딱 걸렸네.

- 🌱 돈을 낭비하지 않고 아끼는 사람이 재산을 모으게 된다는 뜻.
- 🪴 무슨 일이든 마음을 굳게 먹고 노력하면 꼭 이루어진다는 뜻도 있어요.
- 🎁 해야 할 일을 슬그머니 대충 하고 넘어가려는 것을 비유적으로 이르는 말.

굳은 땅에 물 괸다

구렁이 담 넘어가듯

 속담을 바르게 써 보세요

굴러온 돌이 박힌 돌 뺀

다

새로 온 사람이 오래전부터 있던 사람을 내쫓거나 피해를 입힐 때 쓰는 말이에요.
유사 굴러 온 돌한테 발등 다친다

 뜻을 생각하며 써 보세요

굴러온 돌이 박힌 돌 뺀다

속담을 바르게 써 보세요

굼벵이도 구르는 재주는 있다

움직이지 못하는 듯이 보이는 굼벵이도 때로는 구르는 재주가 있듯이 아무리 능력없고 못난 사람이라도 어떤 재능이 있다는 말이에요.
단어 굼벵이 : 매미의 애벌레. 누에와 비슷하게 생겼으나 몸의 길이가 짧고 뚱뚱함.

굼벵이도 구르는 재주는 있다

 속담을 바르게 써 보세요

굿이나 보고 떡이나 먹지

남의 일에 쓸데없이 끼어들지 말고 자기 이익이나 얻으라고 할 때 쓰는 말이에요.
단어 굿 : ① 무당이 노래하고 춤추며 귀신에게 정성을 다해 드리는 의식.
② 연극 또는 여럿이 모여 법석거리는 구경거리.

 다시 한번 써 보세요

굿이나 보고 떡이나 먹지

속담을 바르게 써 보세요

궁하면 통한다

그림의 떡

 하늘이 무너져도 솟아날 구멍은 있대요. 아주 어려운 상황에 처해도 빠져나갈 방법이 생긴다는 뜻으로 어떤 경우에도 희망을 잃지 말라는 의미예요.

 그림 속의 떡은 볼 수는 있어도 먹을 수 없지요. 아무리 마음에 들어도 실제로는 이용하거나 가질 수 없다는 뜻으로 매우 아쉬울 때 쓰는 말이에요.

궁하면 통한다

그림의 떡

 속담을 바르게 써 보세요

귀에 걸면 귀걸이 코에

걸면 코걸이

> 어떤 원칙이 정해져 있는 것이 아니라 이랬다저랬다 그럴듯한 말로 꾸며대기 나름이라는 뜻이에요.

귀에 걸면 귀걸이 코에 걸면 코

걸이

속담을 바르게 써 보세요

금강산도 식후경

아무리 재미있는 일도 배가 고파서는 즐길 수 없지요.
단어 금강산 : 강원도 북부에 있는 경치가 매우 아름다운 산.

금강산도 식후경

꼬리가 길면 밟힌다

나쁜 일을 아무리 남모르게 한다고 해도 오랫동안 계속하면 결국 들키고 만다는 뜻.
유사 고삐가 길면 밟힌다

꼬리가 길면 밟힌다

 자음퀴즈

ㄲ ㅁㄱ ㅇ ㅁㄴㄷ

① 꼬꼬댁 닭은 치킨으로 먹을 수 있고, 계란 후라이로도 먹을 수 있지요.
② 과자 한 봉지 샀는데 '한 봉지 더' 쿠폰이 나오면 마냥 행복하겠죠?
③ 한 가지 일로 예상 밖의 두 가지 이상 좋은 일이 생기면 하늘을 나는 기분일 거에요.
④ '도랑 치고 가재 잡고', ' 마당 쓸고 돈 줍고'라는 비슷한 속담도 있답니다.
⑤ 헤헤~ 매일 이런 일들이 일어났으면 좋겠죠? 이 속담은 무엇일까요?

답 ▶

ㄷㄷㄹㄷ ㄷㄷㄱ ㅂㄱ ㄱㄴㄹ

① 나무 잘 타는 원숭이도 나무에서 떨어질 때가 있어요. 익숙한 길도 가끔 실수로 넘어질 때가 있으니까요.
② 튼튼하다고 맘 놓고 이 다리를 신나게 건너다가 물에 빠질 수도 있답니다.
③ 아는 것도 다시 한번 확인하고 조심하면 더 안전하겠죠?
④ 대충대충 하다가 실수하는 어린이에게 이 말을 꼭 말해주고 싶어요.
⑤ 이 속담을 무엇이라고 할까요?

답 ▶

 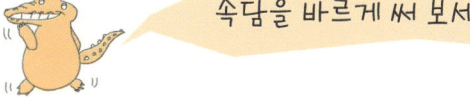

급히 먹는 밥이 목이 멘

다

> 일이 아무리 급해도 서두르면 잘못될 때가 많아요. 천천히 차근차근 하라고 할 때 쓰는 말이에요.
> 유사 급하다고 바늘 허리에 실 매어 쓰랴

급히 먹는 밥이 목이 멘다

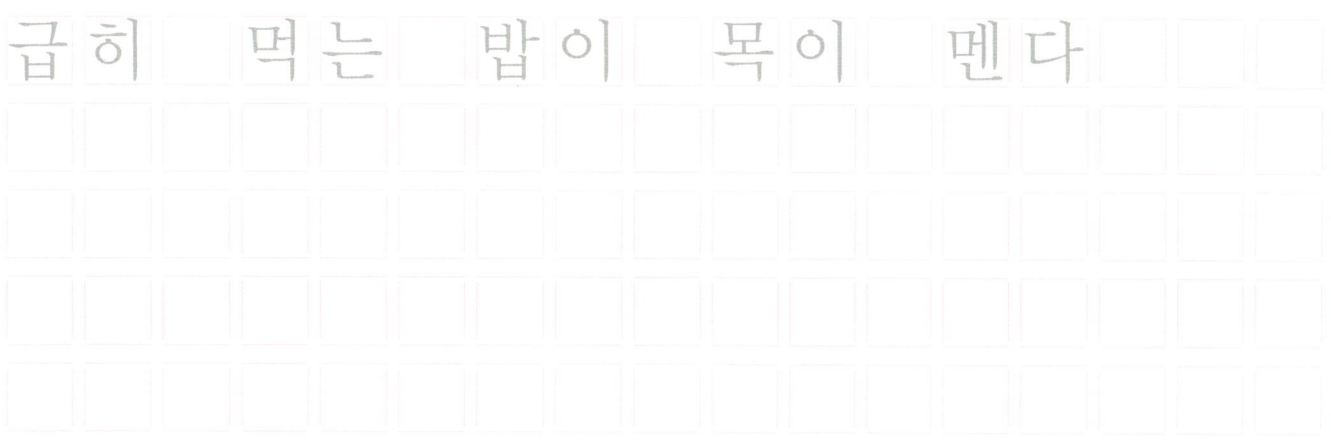

속담을 바르게 써 보세요

까마귀 날자 배 떨어진다

아무 상관도 없는 일이 공교롭게도 동시에 일어나 어떤 관계가 있는 것처럼 의심을 받게 된다는 말이에요.

유사 ① 도둑을 맞으려면 개도 안 짖는다 ② 소금 팔러 가니 이슬비 온다

다시 한번 써 보세요

까마귀 날자 배 떨어진다

속담을 바르게 써 보세요

꿈보다 해몽이 좋다

꿩 대신 닭

- 하찮거나 안 좋은 일을 그럴듯하게 돌려 좋게 풀이하는 것.
  단어 해몽 : 꿈에 나타난 일을 풀어서 좋고 나쁨을 판단함. "할아버지가 돼지꿈은 좋은 꿈이라고 해몽하셨다."
- 원했던 것이 없으면 비슷한 것으로 대신 쓴다는 뜻.

꿈보다 해몽이 좋다

꿩 대신 닭

속담을 바르게 써 보세요

꿩 먹고 알 먹는다

한 가지 일을 하여 두 가지 이상의 이익을 볼 때. 유사 도랑 치고 가재 잡는다

꿩 먹고 알 먹는다

속담을 바르게 써 보세요

내 코가 석자다

내 사정이 급해서 남의 사정까지 돌볼 수 없다는 말이에요.

내 코가 석자다

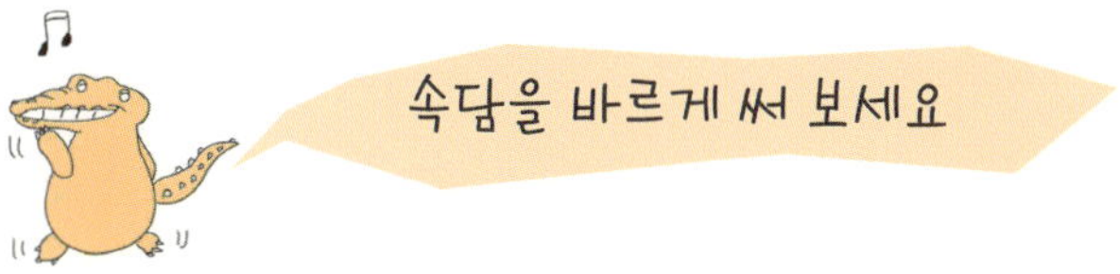

속담을 바르게 써 보세요

나무에 오르라 하고 흔드는 격

남을 꾀어 위험하거나 불행하게 만드는 경우를 가리키는 말이에요.
시험 공부하는 동생을 꾀어내어 게임방에서 신나게 놀았다. 덕분에 동생은 다음날 시험 쫄딱 망쳤다. 미안해, 동생아~!

이런 일 하면 벌 받아요.

나무에 오르라 하고 흔드는 격

속담을 바르게 써 보세요

남의 손의 떡은 커 보인

다

> 내가 가진 것보다 다른 사람이 갖고 있는 것이 더 좋아 보여 욕심을 낸다는 말이에요.
> 내가 가진 작은 떡에도 감사하는 마음이 중요해요.
> **유사** 남의 손의 떡이 더 커 보이고 남이 잡은 일감이 더 헐어 보인다

남의 손의 떡은 커 보인다

속담을 바르게 써 보세요

남의 잔치에 감 놓아라

배 놓아라 한다

상대방은 원치 않는데 남의 일에 공연히 간섭하고 나선다는 뜻. 이런~ 잔소리쟁이!

남의 잔치에 감 놓아라 배 놓아

라 한다

속담을 바르게 써 보세요

남의 흉 한 가지면 내

흉은 열 가지

다른 사람의 안 좋은 점이 한 가지면 자신에게는 열 가지도 넘게 있을 수 있다고 해요. 이유없이 다른 사람 흉을 보지 말아야 한다는 의미예요. 흉보기 전에 꼭 거울에 자신부터 비춰 보세요~!

유사 똥 묻은 개가 겨 묻은 개 나무란다

다시 한번 바르게 써 보세요

남의 흉 한 가지면 내 흉은 열 가지

 **콩트**

"야! 너 정말 머릿속에 뭐가 들었냐? 돌 들어 있는 거 아니야?"
"누나, 정말 왜 그래?"
"넌 어떻게 똑같은 걸 백 번 가르쳐 줘도 몰라?"
"누나, 솔직히 백 번은 안 가르쳐 줬잖아."
"이게 정말!"
"왜 때려? 모르는 것도 죄야?"
대혁이 방에서 티격태격 싸우는 소리가 들립니다. 그 때, 방문이 벌컥 열립니다.
"아니, 너희들 뭐하고 있는 거야? 동생 공부 좀 가르쳐 주라고 했더니 싸우고 있어?"
"엄마, 애 머리가 돌인가 봐요."
"넌 동생한테 무슨 말을 그렇게 해? 돌이라니!"
"아니, 똑같은 걸 몇 번씩 설명해 줘도 모르잖아요. 저도 제 숙제 해야 한단 말이에요."
"동생이 처음 배우니까 모를 수도 있지, 넌 그것 가지고 이렇게 싸워야 겠어?"
■■■ ★★★ ○ ▲▲ □□□더니… 수영이 너도 저 때는 똑같았잖아. 안 그래?"
"그… 그렇긴 했어도… 이 정도는 아니었어요, 엄마! 그걸 애 앞에서 말하면 어떡해요!"

Q 상황을 떠올리며 동그라미 속에 들어갈 속담을 생각해 보세요.

A

▶ 정답: 개구리 올챙이 적 생각 못한다

속담을 바르게 써 보세요

남이 장에 가니 저도 덩

달아 장에 간다

남이 한다고 무작정 따라 하는 줏대 없는 사람을 가리켜 쓰는 말이에요. 자기 일은 자기가 결정해야 훌륭한 사람이 될 수 있답니다.
유사 남이 서울 가니 저도 간단다

남이 장에 가니 저도 덩달아 장

에 간다

속담을 바르게 써 보세요

낫 놓고 기역자도 모른다

'ㄱ'자와 똑같이 생긴 낫을 앞에 두고 'ㄱ' 자가 어떻게 생겼는지 모를 정도로 아주 무식하다는 뜻이에요. 부지런히 공부해서 똑똑한 어린이가 되세요.
단어 낫 : 풀·나무·곡식 등을 베는 데 쓰는 'ㄱ'자 모양의 농기구.

뜻을 생각하며 써 보세요

낫 놓고 기역자도 모른다

속담을 바르게 써 보세요

낮말은 새가 듣고 밤말은ˇ

쥐가 듣는다

세상에 비밀은 없다고 해요. 비밀 얘기를 해도 다른 사람이 들을 수 있다는 말이에요. 쉿! 늘 말조심해야겠죠? 유사 발 없는 말이 천 리 간다

낮말은 새가 듣고 밤말은 쥐가

듣는다

속담을 바르게 써 보세요

냉수 먹고 이 쑤시기

누워서 떡 먹기

 냉수 마시고는 이빨에 끼일 게 없는데, 잘 먹은 척하는 거겠죠. 실속은 없으면서 남들 앞에서 겉으로만 있는 척하는 사람을 비유한 말이에요. 있는 그대로의 모습을 보여 주세요.

 가만히 누워서 맛있는 떡을 먹는 것은 정말 쉽죠? 어떤 일을 힘들이지 않고 쉽게 한다는 뜻. 유사 ① 식은 죽 먹기 ② 땅 짚고 헤엄치기 ③ 손바닥 뒤짚기

냉수 먹고 이 쑤시기

누워서 떡 먹기

속담을 바르게 써 보세요

누워서 침 뱉기

누워서 침 뱉으면 다시 내 얼굴에 떨어져요. 다른 사람을 해치려다가 도리어 자기가 해를 입게 된다는 뜻이에요. 나쁜 일 하면 꼭 벌 받아요. 반대로 착한 일 하면 복 받겠죠?

누워서 침 뱉기

누이 좋고 매부 좋다

어떤 일이 누구에게나 다 이롭고 좋다는 의미에요. **단어** 매부 : 누이의 남편.

누이 좋고 매부 좋다

속담을 바르게 써 보세요

눈 가리고 아웅

눈 뜨고 도둑맞는다

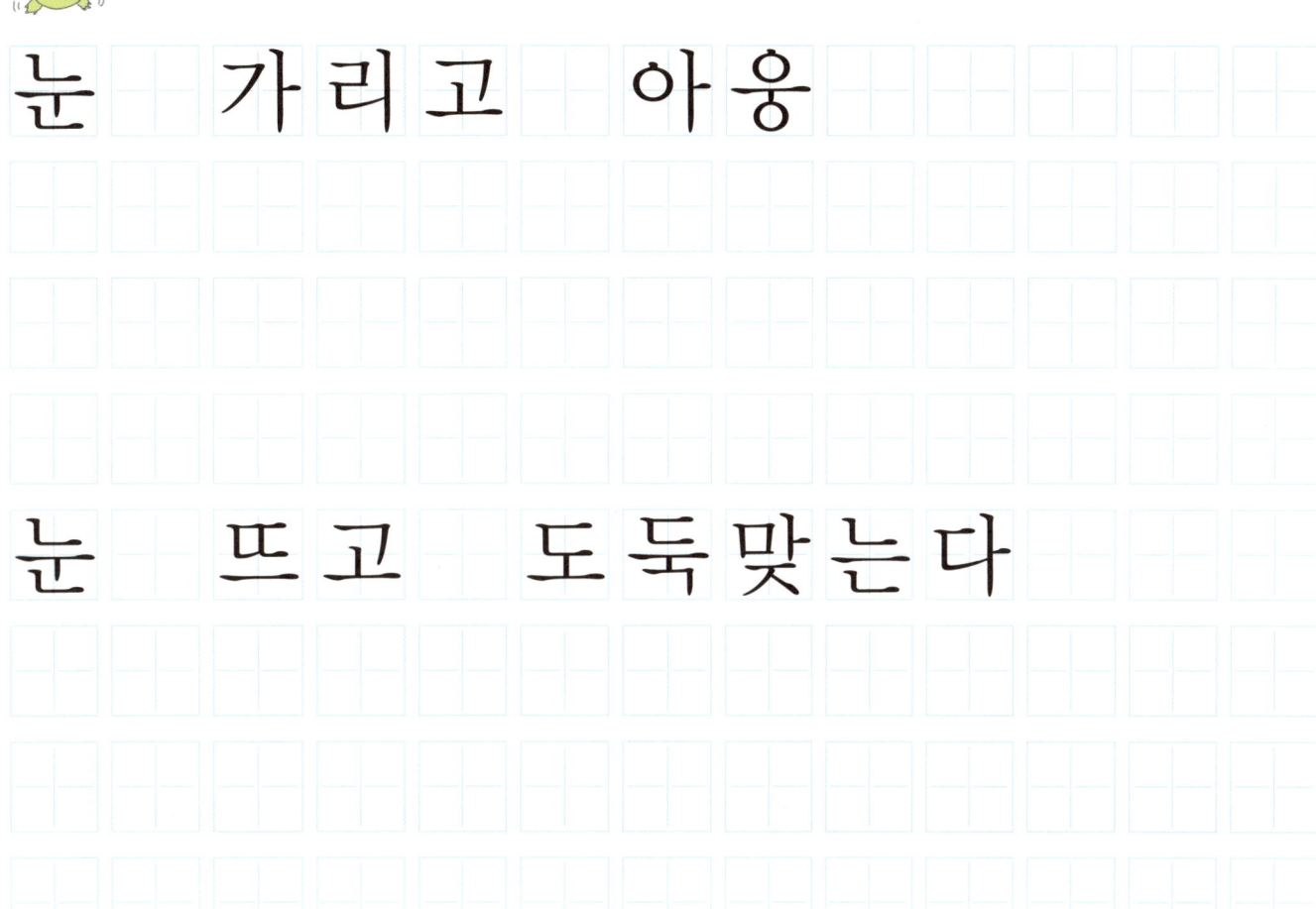

속이 뻔히 보이는데 남을 속이려 한다는 뜻이에요. 얕은 속임수를 쓰다가 큰코 다칠 수 있답니다. 공부 다 한 척 해도 선생님은 얼굴만 봐도 아신대요.
단어 아웅 : 고양이 소리를 흉내내어 하는 말.

알면서 도둑맞으면 정말 억울하겠죠? 알면서도 할 수 없이 손해를 볼 때 하는 말.

눈 가리고 아웅

눈 뜨고 도둑맞는다

속담을 바르게 써 보세요

눈 감으면 코 베어 갈 세상이다

눈 감으면 내 코를 베어 갈 정도로 사람들이 너무 험악해졌음을 빗대어 하는 말이에요. 착한 사람도 많지만 나쁜 사람도 너무 많아요. 항상 차조심, 사람조심!

눈 감으면 코 베어 갈 세상이다

 속담을 바르게 써 보세요

달면 삼키고 쓰면 뱉는다

의리나 지조 없이 자기에게 이로우면 가까이 하고 그렇지 않으면 멀리한다는 뜻이에요. 힘들 때 옆에서 위로해 주고 기쁠 때 같이 기뻐할 수 있는 친구가 되세요.

 다시 한번 써 보세요

 요새 왜 이렇게 쌀쌀맞아?

 너 이제 반장 아니잖아.

달면 삼키고 쓰면 뱉는다

십자퍼즐

 가로 뜻풀이

❶ 아무것도 모르면서 아는 척하고 아무 앞에서나 주책을 떤다는 뜻. 빈 깡통이 더 요란하고 시끄러운 법이죠.

❷ 모든 일은 원인이 있으면 반드시 그에 따른 결과가 생긴다는 뜻이에요. 좋은 점수를 받으려면 열심히 공부해야겠죠?

❸ 도망갈 방법이 전혀 없어 꼼짝없이 잡히게 된 사람을 가리키는 말이에요.

❹ 'ㄱ'자와 똑같이 생긴 낫을 앞에 두고 'ㄱ'자가 어떻게 생겼는지 모를 정도로 아주 무식하다는 뜻이에요. 부지런히 공부해서 똑똑한 어린이가 되세요.

❺ 말재주가 좋으면 큰 빚도 갚을 수 있다는 말이에요. 친구들, 가족들에게 항상 좋은 말을 하면 좋겠죠? 칭찬은 고래도 춤추게 하니까요.

❻ 운이 나쁜 사람은 보통 평범한 사람들에게는 일어나지 않는 나쁜 일까지 일어난다는 말이에요. 나쁜 일이 지나고 나면 좋은 일이 찾아올 테니 항상 용기를 잃지 말아야 해요.

❼ 화난 사람을 달래기는커녕 오히려 화가 더 나게 하거나 힘든 상황에 처해 있는 사람을 도와주지는 못하고 일을 더 나쁘게 만들 때 쓰는 말.

 세로 뜻풀이

❶ 목적이나 목표를 제대로 잡고 노력해야만 원하는 결과를 얻을 수 있다는 뜻이에요.

❷ 자기보다 어리고 부족한 사람에게서도 배울 것은 있다는 뜻이에요.

❸ 나무에 잘 오르는 원숭이도 때로는 나무에서 떨어질 때가 있듯이, 아무리 어떤 일을 익숙하게 잘하는 사람이라도 실수할 때가 있다는 말이에요. 자만하면 큰 코 다쳐요.

❹ 어떤 일이 누구에게나 다 이롭고 좋다는 의미에요.

47

(가로 열쇠)
- 동물이 자기 영역을 나타내다
- 겉으로 보기에 훌륭하다
- 일이 끝난 뒤에 생기는 나쁜 결과
- 옳고 그름을 가리다
- 몸을 움직여 행동함
- 남을 헐뜯어 말함

(세로 열쇠)
- 일이 되어 가는 형편
- 부끄럽고 창피함
- 옳지 않은 일을 하지 말라고 말리다
- 싫어하여 피하거나 거절함

속담을 바르게 써 보세요

다 된 죽에 코 풀기

거의 다 된 일을 망쳐버리는 행동을 가리키는 말이에요. 참 안타깝죠? 언제나 신중하세요.

다 된 죽에 코 풀기

다람쥐 쳇바퀴 돌 듯

다람쥐가 계속 쳇바퀴를 돌리듯 앞으로 나아가지 못하고 제자리걸음만 할 때 이렇게 말해요.

다람쥐 쳇바퀴 돌 듯

속담을 바르게 써 보세요

닭 잡아 먹고 오리발 내
민다

> 자기가 한 잘못이 드러나게 되자 엉뚱한 변명으로 남을 속이려고 하거나 그 속이는 솜씨가 서툴다는 뜻. 솔직하게 자신의 잘못을 인정하고 사과해 보세요.

닭 잡아 먹고 오리발 내민다

속담을 바르게 써 보세요

닭 쫓던 개 지붕만 쳐다
본다

> 열심히 노력하던 일이 실패하거나 남에게 뒤떨어져 민망하게 되는 경우에 쓰는 말이에요. 매일 노래 연습을 꾸준히 했는데 정작 대회 날 목이 쉬어버려서 참가를 포기한 나리는 엉엉 울어버렸답니다.

닭 쫓던 개 지붕만 쳐다본다

속담을 바르게 써 보세요

도둑이 매 든다

도랑 치고 가재 잡는다

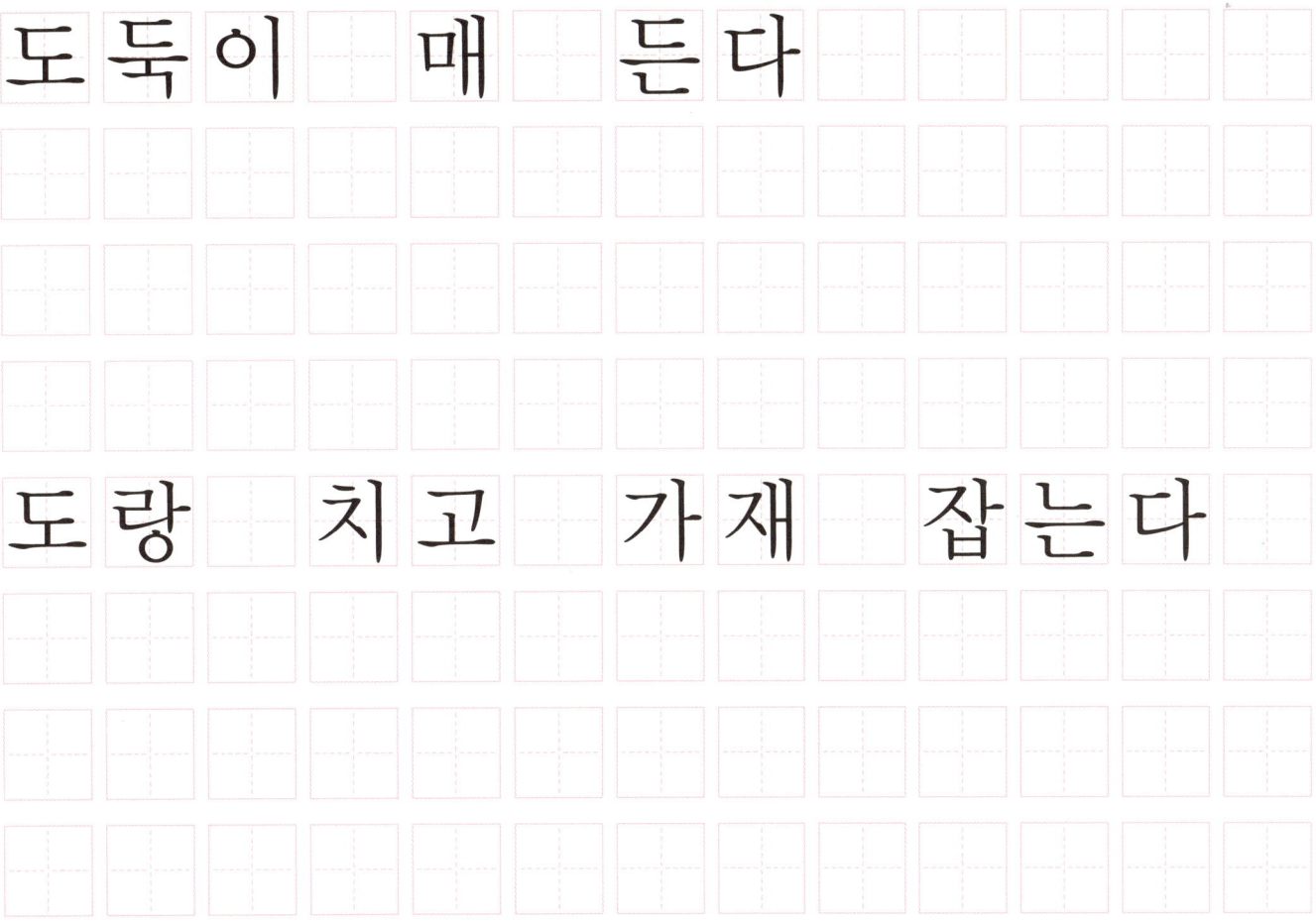

잘못한 사람이 미안해 하기는커녕 오히려 화를 내거나 옳은 일을 한 사람을 꾸짖는 경우에 쓰는 말이에요. 잘못하면 먼저 사과하세요. 유사 방귀 뀐 놈이 성낸다

① 논에 물을 빼면서 가재까지 잡으니 한 가지 일로 두 가지 이득을 본다는 의미.
② 가재를 잡으려면 도랑을 치기 전에 잡아야 하는데 일의 순서가 뒤바뀌었음을 나타내는 말. 단어 도랑 치다 : 작은 개울을 긁어 파내다.

도둑이 매 든다

도랑 치고 가재 잡는다

속담을 바르게 써 보세요

도토리 키 재기

독 안에 든 쥐

🌱 비슷비슷한 사람들이 서로 잘났다고 떠든다는 뜻이에요.

🎁 도망갈 방법이 전혀 없어 꼼짝없이 잡히게 된 사람을 가리키는 말이에요.
유사 그물에 든 고기

누가 들으면 너 1등 하는 줄 알겠다 ㅋㅋ

나보다 성적도 나쁜 주제에…

꼴등

뒤에서 2등

도토리 키 재기

독 안에 든 쥐

속담을 바르게 써 보세요

돌다리도 두들겨 보고 건

너라

아무리 잘 아는 일이라도 모든 일에 주의하라는 말이에요.

돌다리도 두들겨 보고 건너라

속담을 바르게 써 보세요

동에 번쩍 서에 번쩍 한
다

동쪽에서 번쩍! 서쪽에서 번쩍! 여기저기 잽싸게 돌아다니는 날쌘돌이를 나타내는 말이에요.

뜻을 되새기며 써 보세요

동에 번쩍 서에 번쩍 한다

될성부른 나무는 떡잎부터
안다

잘 자랄 나무는 어린잎을 보면 알아볼 수 있대요. 그래서 앞으로 훌륭하게 될 사람은 어릴 적부터 알 수 있다는 의미에요. 유사 ① 잘 자랄 나무는 떡잎부터 알아본다
② 푸성귀는 떡잎부터 알고 사람은 어렸을 때부터 안다

될성부른 나무는 떡잎부터 안다

속담을 바르게 써 보세요

되로 주고 말로 받는다

다른 사람에게는 조금만 주고 그 대가로 몇 곱절이나 더 받는다는 말이에요.

되로 주고 말로 받는다

속담을 바르게 써 보세요.

뒤로 호박씨 깐다

겉으로는 얌전하지만 남이 보지 않는 곳에서는 딴 짓을 하는 경우를 이르는 말. 이런 사람 조심!

뒤로 호박씨 깐다

 **콩트**

햇볕이 따갑게 내리쬐는 어느 날, 사막 위를 지나가는 소년과 낙타 한 마리가 있었습니다.

"주인님, 언제쯤이면 이 사막을 건너 마을로 갈 수 있을까요?"

"글쎄… 한참 더 가야 할 것 같아. 너무 뜨겁고 목이 말라서 더는 갈 수가 없을 것 같구나."

"저는 등에 있는 혹에 물이 저장돼 있어서 괜찮지만, 주인님은 어떻게 하죠?"

"조금만 더 참고 가야지…. 마을이 나오면 시원하게 쉴 수 있을 거야. 물도 마음껏 마실 수 있겠지!"

그렇게 한참을 가던 소년은 그만 모래 위에 쓰러지고 말았습니다.

"주인님! 주인님! 정신 좀 차려보세요. 그대로 있다간 위험해요!"

"아 … 너무 힘들어…."

"주인님, 어서 제 등에 타세요. 마을로 모실게요."

소년은 낙타 등에 올라타자마자 기진맥진하여 잠이 들었습니다.

하늘에 별이 쏟아지고 달빛이 어둠을 밝힐 때쯤, 낙타의 눈앞으로 불이 켜진 마을이 보이기 시작했습니다.

"주인님! 드…드디어 마을에 도착했어요! 어서 일어나 보세요!"

"어? 뭐라고? 정말 마을이란 말이야?"

"네! 저 앞에 불빛 좀 보세요!"

소년과 낙타는 마을에 들어서자 마음이 편안해지는 것을 느꼈습니다.

◆◆ ●● ○○ ▲▲ 는 말을 실감하며 소년과 낙타는 맛있는 음식을 먹고, 쉬면서 행복을 느꼈습니다.

Q 상황을 떠올리며 동그라미 속에 들어갈 속담을 생각해 보세요.

A

◀ 정답: 고생 끝에 낙이 온다

속담을 바르게 써 보세요

뒤로 자빠져도 코가 깨진다

> 일이 안되려면 모든 일이 잘 안 풀리고 전혀 상관없는 일에서도 뜻밖의 큰 불행이 생긴다는 뜻이에요. 안 좋은 일이 자꾸 생긴다고 슬퍼하지 마세요. 곧 좋은 일이 생길 거예요.

뒤로 자빠져도 코가 깨진다

뒤로 자빠져도 코가 깨진

 속담을 바르게 써 보세요

등잔 밑이 어둡다

어떤 것에서 가까이 있는 사람이 멀리 있는 사람보다 그것에 대하여 잘 알기 어렵다는 말.

등잔 밑이 어둡다

아니 왜 내가 옆반 개똥이보다 우리반 일을 모르냐구~

 속담을 바르게 써 보세요

땅 짚고 헤엄치기

물속이 아닌 땅위에서 헤엄치기는 식은 죽 먹기겠죠? 매우 쉬운 일을 두고 하는 말.

땅 짚고 헤엄치기

속담을 바르게 써 보세요

떡 줄 사람은 꿈도 안

꾸는데 김칫국부터 마신다

해 줄 사람은 생각지도 않는데 받을 준비부터 한다는 말이에요.
유사 앞집 떡 치는 소리 듣고 김칫국부터 마신다

떡 줄 사람은 꿈도 안 꾸는데

김칫국부터 마신다

속담을 바르게 써 보세요

뛰는 놈 위에 나는 놈

있다

아무리 재주가 뛰어나더라도 그보다 더 뛰어난 사람이 있다는 뜻이에요. 너무 잘난 체 하는 사람을 나무라는 말이에요.

뛰는 놈 위에 나는 놈 있다

속담을 바르게 써 보세요

말이 씨가 된다

말은 사람의 마음을 담기 때문에 말을 반복하면 실현될 가능성도 높답니다.

말이 씨가 된다

속담을 바르게 써 보세요

모기 보고 칼 빼기

모기 잡는 데 칼을 빼다니 우스꽝스럽죠? 아주 작은 일에 너무 심각한 대책을 쓸 때 쓰는 말.

모기 보고 칼 빼기

속담을 바르게 써 보세요

망둥이가 뛰니까 꼴뚜기도

뛴다

아무것도 모르면서 자기 주관이나 생각도 없이 남의 행동을 따라하는 모습을 보고 놀리듯이 하는 말이에요.

망둥이가 뛰니까 꼴뚜기도 뛴다

속담을 바르게 써 보세요

맞은 놈은 펴고 자고 때
린 놈은 오그리고 잔다

> 친구를 때린 날은 잠이 안 오죠? 남을 괴롭힌 사람은 미안함과 걱정 때문에 마음이 불편하지만 괴롭힘을 당한 사람은 비록 몸은 아프지만 마음만은 편하다는 말.

맞은 놈은 펴고 자고 때린 놈은

오그리고 잔다

몸은 아프지만 마음은 편하다.

속담을 바르게 써 보세요

먼저 난 머리보다 나중

난 뿔이 무섭다

후배가 선배보다 뛰어날 때 쓰는 말.
유사 ① 나중 난 뿔이 우뚝하다 ② 청출어람

먼저 난 머리보다 나중 난 뿔이
무섭다

난 언니보다 피아노를 잘 쳐.

 속담을 바르게 써 보세요

모난 돌이 정 맞는다

너무 뛰어난 사람은 친구들 사이에서 미움받기 쉽죠.

모난 돌이 정 맞는다

 흑흑~ 왕따 없는 반을 만들어 주세요!

 속담을 바르게 써 보세요

모르는 것이 약이다

알아서 좋을 일이 아니라면 차라리 아예 모르는 게 낫다는 뜻이에요.

모르는 것이 약이다

 콩트

교실 안이 시끌벅적합니다.
"아휴, 나보다 키도 작은 게 까불고 있어!"
"뭐? 뭐라고? 너 지금 나한테 키 작다고 그랬냐?"
"그래, 그랬다! 어쩔래?"
"이게!"
씩씩대며 경태와 영수가 싸웁니다. 그 순간, 반장이 나타납니다.
"야, 왜 싸워?"
"넌 몰라도 돼!"
"왜 싸우냐니까!"
"아니, 쟤가 나보고 키가 작다고 놀리잖아!"
"뭐, 뭐라고? 하하하하!"

"넌 지금 이 상황에서 웃음이 나오냐?"
"야, 안경태, 한영수! 너희 둘이 여기 똑바로 서봐!"
"왜, 왜 그러는데?"
"아니, 서 보라니까."
경태와 영수는 싸우다 말고 거친 숨을 몰아쉬며 등을 맞대고 섭니다. 두 친구의 키를 재던 반장은 그만 웃어 버리고 맙니다.
"너희 둘은 정말 ★★★ ● ▲▲다! 어찌 다 고만고만 하냐~"
순간 교실은 온통 웃음바다가 되었고, 경태와 영수는 부끄러워 어쩔 줄을 몰라합니다.

Q 상황을 떠올리며 빈칸속에 들어갈 속담을 생각해 보세요.

A

◀ 정답: 도토리 키 재기

속담을 바르게 써 보세요

목구멍이 포도청

목마른 놈이 우물 판다

 가난에 장사 없다고 배고프면 해서는 안 될 일까지 하게 된다는 말이에요.
단어 포도청 : 조선 시대 도둑이나 범죄인을 잡기 위한 관청. 오늘날의 경찰서.

 무슨 일이든 답답하고 아쉬운 사람이 먼저 일을 시작한다는 뜻이에요.

목구멍이 포도청

목마른 놈이 우물 판다

속담을 바르게 써 보세요

못된 송아지 엉덩이에 뿔
난다

못된 사람은 남의 말 안 듣고 나쁜 짓만 골라가며 한다는 뜻이에요.

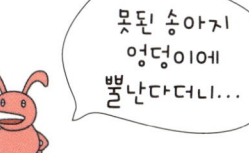

못된 송아지 엉덩이에 뿔난다

속담을 바르게 써 보세요

무소식이 희소식

밑 빠진 독에 물 붓기

> 나쁜 일은 당연히 소식이 전해오게 마련이라 아무 소식이 없는 것은 오히려 편안하게 잘 있다는 의미겠죠.
>
> 깨진 독에는 아무리 물을 부어도 가득 차지 않죠. 아무리 애써도 끝이 없고 보람도 없다는 뜻이에요. **유사** 모래 위에 물 쏟는 격

무소식이 희소식

밑 빠진 독에 물 붓기

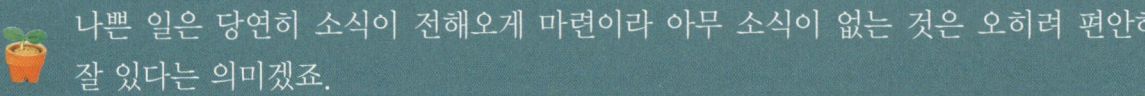

속담을 바르게 써 보세요

못 먹는 감 찔러나 본다

'내가 갖지 못할 바에야 남도 갖지 못하게 못쓰게 만들자' 라는 잘못된 태도를 가리키는 말이에요.

유사 나 못 먹을 밥이라고 재 뿌린다

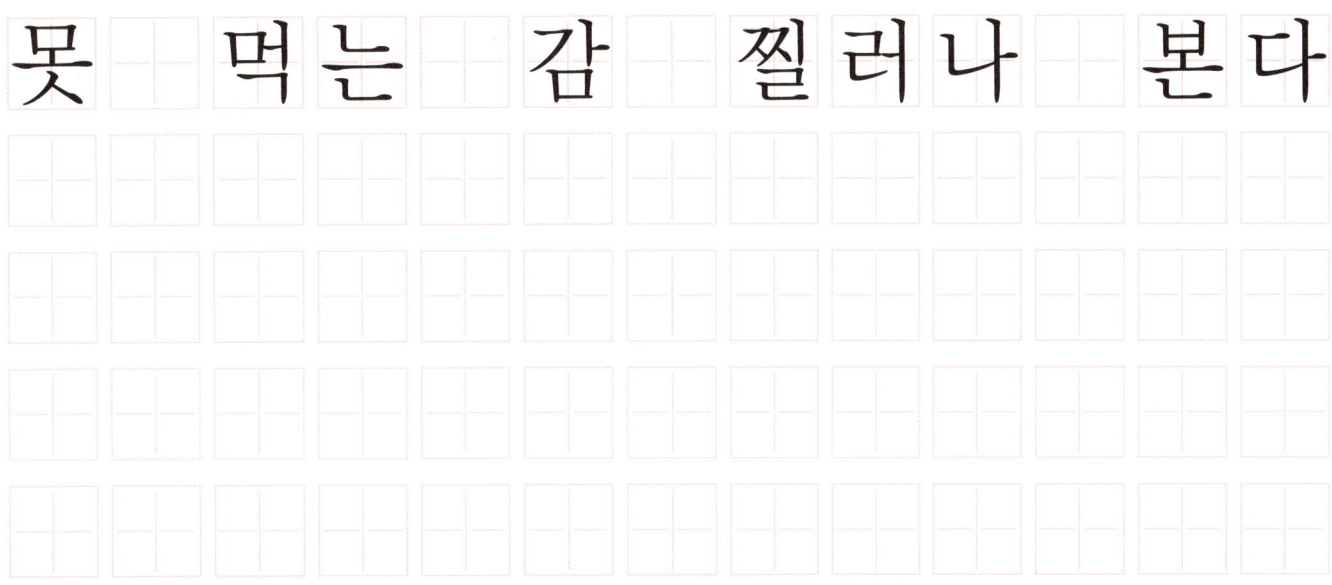

못 먹는 감 찔러나 본다

속담을 바르게 써 보세요

물에 빠지면 지푸라기라도

움켜쥔다

아주 급한 상황이 되면 보잘것없는 것에라도 의지하게 된다는 말이에요.

물에 빠지면 지푸라기라도 움켜쥔

다

속담을 바르게 써 보세요

물에 빠진 놈 건져 놓으

니 내 봇짐 내라 한다

은혜를 입고도 고마움을 모른 채 도리어 화를 내며 생트집을 잡는다는 말이에요.
단어 봇짐 : 보자기에 싼 짐.

물에 빠진 놈 건져 놓으니 내

봇짐 내라 한다

기왕 사려면
피자를 사지,
떡볶이가 뭐야~

속담을 바르게 써 보세요

미련하기가 곰이라

매우 미련한 사람을 두고 이르는 말. 미련함의 대표 동물은 곰!

미련하기가 곰이라

속담을 바르게 써 보세요

바늘 가는 데 실 간다

바늘과 실은 항상 함께 하죠? 그만큼 뗄래야 뗄 수 없는 사이를 이르는 말이에요.

바늘 가는 데 실 간다

속담을 바르게 써 보세요

미꾸라지 한 마리가 온

웅덩이를 흐린다

못된 사람 하나가 우리 반, 우리 학교, 더 나아가 우리나라를 망친다는 뜻이에요.
유사 ① 일어탁수(一魚濁水) ② 한 마리 고기가 온 강물 흐린다

미꾸라지 한 마리가 온 웅덩이를ˇ

흐린다

말썽꾸러기 형 때문에 집안이 설렁해.

십자퍼즐

가로 뜻풀이

① 가만히 누워서 맛있는 떡을 먹는 것은 정말 쉽죠? 어떤 일을 힘들이지 않고 쉽게 한다는 뜻.

② 세상에 비밀은 없다고 해요. 비밀 얘기를 해도 다른 사람이 들을 수 있다는 말이에요, 쉿! 늘 말조심해야겠죠?

③ 아무리 재미있는 일도 배가 고파서는 즐길 수 없지요.

④ 친구가 잘 해주기를 바란다면 먼저 친구에게 잘 대해 주어야 해요. 알았죠?

⑤ 잘 자랄 나무는 어린잎을 보면 알아볼 수 있대요. 그래서 앞으로 훌륭하게 될 사람은 어릴 적부터 알 수 있다는 의미에요.

⑥ 모기 잡는 데 칼을 빼다니 우스꽝스럽죠? 아주 작은 일에 너무 심각한 대책을 쓸 때 쓰는 말.

세로 뜻풀이

① 해 줄 사람은 생각지도 않는데 미리부터 다 된 일로 알고 행동한다는 말이에요.

② 값이 같거나 같은 노력을 해야 한다면 다른 것보다 좋은 것을 선택한다는 말이에요.

③ 무엇이든지 순서가 있으니, 그 차례를 따라야 한다는 말이에요.

④ 나쁜 일은 당연히 소식이 전해오게 마련이라 아무 소식이 없는 것은 오히려 편안하게 잘 있다는 의미겠죠.

⑤ 소를 도둑맞은 다음에 외양간을 고친다면 아무 소용 없겠죠? 일이 잘못되기 전에 미리 준비하는 습관을 기르세요. 시험 망치고 후회하지 말고 미리 열심히 공부하세요.

저학년(1·2) 속담 전체

가는 말이 고와야 오는 말이 곱다
친구에게 말이나 행동을 좋게 해야 친구도 나에게 좋게 한다는 말이에요.

가랑니가 더 문다
별일이 아니라서 시시하다고 생각했던 일이 더 힘들 때가 있죠.

가는 날이 장날
생각하지 않고 간 날이 마침 장날이라는 뜻으로, 어떤 일을 하려고 하는데 뜻하지 않은 일을 당했을 때를 비유적으로 이르는 말이에요.

가는 정이 있어야 오는 정이 있다
친구가 잘 해주기를 바란다면 먼저 친구에게 잘 대해 주어야 해요.

가랑비에 옷 젖는 줄 모른다
조금씩 오는 비도 오랫동안 맞으면 다 젖어버린답니다. 아무리 사소한 것이라도 그것이 반복되면 무시 못할 정도로 큰 일이 될 수 있어요.

갈수록 태산
점점 더 힘들고 견디기 어려워지는 상황을 가리키는 말이에요.

같은 값이면 다홍치마
값이 같거나 같은 노력을 해야 한다면 다른 것보다 좋은 것을 선택한다는 말이에요.

개같이 벌어서 정승같이 쓴다
궂은일, 힘든 일 가리지 않고 번 돈을 보람있고 의미있게 쓴다는 말이에요.

개구리 올챙이 적 생각 못한다
구구단을 못 외운다고 동생을 구박한 적은 없나요? 나도 똑같은 시절이 있었다는 것, 잊지 말고 겸손해지세요.

개밥에 도토리
개는 도토리를 먹지 않는 답니다. 개밥에 든 도토리는 혼자 남게 된다는 뜻이지요. 외톨박이를 두고 하는 말이에요.

개천에서 용 난다
특별히 뛰어날 것 없는 집안에서 훌륭한 인물이 나는 경우에 하는 말로, 이들은 남들보다 몇 배 노력한 사람들이랍니다.

게 눈 감추듯 한다
배고픈 동생이 음식을 정말 빨리 먹네요.

계란에도 뼈가 있다
계란에는 원래 뼈가 없는데, 뼈가 있다고 하니 정말 운이 없지요? 늘 축구를 못하던 철수는 축구 잘 하는 태호와 친하게 되어 기뻤는데 다음날 태호가 전학을 가 버리는 경우, 이런 상황에서 쓰는 말이에요.

고래 싸움에 새우 등 터진다
강한 사람들의 싸움에 끼여서 오히려 약한 사람이 피해를 본다는 말.

고생 끝에 낙이 온다
구석구석 대청소가 끝나면 놀이동산에 갈 거예요. 고생한 보람이 있네요.

고양이 목에 방울 달기
쥐가 고양이 목에 방울을 달 수 있을까요? 현실적으로 전혀 가능성이 없는 일을 두고 하는 말.

고양이한테 생선을 맡기다
동생에게 아이스크림 맡겨둔 채 놀다 오면 아이스크림이 남아 있을까요? 믿을 수 없는 사람에게 중요한 일을 맡기는 경우를 두고 하는 말이에요.

공든 탑이 무너지랴
정성껏 쌓은 탑은 대충 쌓은 탑보다 훨씬 튼튼하겠죠? 노력하면 반드시 좋은 결과가 있을 거란 뜻.

공자 앞에서 문자 쓴다
아무것도 모르면서 아는 척하고 아무 앞에서나 주책을 떤다는 뜻.

구렁이 담 넘어가듯
해야 할 일을 슬그머니 대충 하고 넘어가려는 것을 비유적으로 이르는 말.

구슬이 서 말이라도 꿰어야 보배
아무리 좋은 재료도 보글보글 끓여야 맛있는 찌개가 될 수 있겠죠? 아무리 좋은 것이라도 쓸모있게 만들어야 빛이 난다는 뜻이에요.

굳은 땅에 물 괸다
돈을 낭비하지 않고 아끼는 사람이 재산을 모으게 된다는 뜻. 무슨 일이든 마음을 굳게 먹고 노력하면 꼭 이루어진다는 뜻도 있어요.

굴러 온 돌이 박힌 돌 뺀다
새로 온 사람이 오래전부터 있던 사람을 내쫓거나 피해를 입힐 때 쓰는 말이에요.

굼벵이도 구르는 재주는 있다
움직이지 못하는 듯이 보이는 굼벵이도 때로는 구르는 재주가 있듯이 아무리 능력없고 못난 사람이라도 어떤 재능이 있다는 말이에요.

굿이나 보고 떡이나 먹지
남의 일에 쓸데없이 끼어들지 말고 자기 이익이나 얻으라고 할 때 쓰는 말이에요.

궁하면 통한다
하늘이 무너져도 솟아날 구멍은 있대요. 아주 어려운 상황에 처해도 빠져나갈 방법이 생긴다는 뜻으로 어떤 경우에도 희망을 잃지 말라는 의미예요.

귀에 걸면 귀걸이 코에 걸면 코걸이
어떤 원칙이 정해져 있는 것이 아니라 이랬다저랬다 그럴듯한 말로 꾸며대기 나름이라는 뜻이에요.

그림의 떡
그림 속의 떡은 볼 수는 있어도 먹을 수 없지요. 아무리 마음에 들어도 실제로는 이용하거나 가질 수 없다는 뜻으로 매우 아쉬울 때 쓰는 말이에요.

금강산도 식후경
아무리 재미있는 일도 배가 고파서는 즐길 수 없지요.

급히 먹는 밥이 목이 멘다
일이 아무리 급해도 서두르면 잘못될 때가 많아요. 천천히 차근차근 하라고 할 때 쓰는 말이에요.

까마귀 날자 배 떨어진다
아무 관계도 없는 일이 다른 일과 동시에 벌어져서 서로 관계가 있는 것처럼'(까마귀가 푸드덕거려서 배가 나무에서 떨어졌나?'하듯이) 억울하게 의심을 받는다는 의미에요.

꼬리가 길면 밟힌다
나쁜 일을 아무리 남모르게 한다고 해도 오랫동안 계속하면 결국 들키고 만다는 뜻.

꿈보다 해몽이 좋다
　하찮거나 안 좋은 일을 그럴듯하게 돌려 좋게 풀이하는 것.

꿩 대신 닭
　원했던 것이 없으면 비슷한 것으로 대신 쓴다는 뜻.

꿩 먹고 알 먹는다
　한 가지 일을 하여 두 가지 이상의 이익을 볼 때.

나무에 오르라 하고 흔드는 격
　남을 꾀어 위험하거나 불행하게 만드는 경우를 가리키는 말이에요.

남의 손의 떡은 커 보인다
　내가 가진 것보다 다른 사람이 갖고 있는 것이 더 좋아 보여 욕심을 낸다는 말이에요.

남의 잔치에 감 놓아라 배 놓아라 한다
　상대방은 원치 않는데 남의 일에 공연히 간섭하고 나선다는 뜻.

남의 흉 한 가지면 내 흉은 열 가지
　다른 사람의 안 좋은 점이 한 가지면 자신에게는 열 가지도 넘게 있을 수 있다고 해요.

남이 장에 가니 저도 덩달아 장에 간다
　남이 한다고 무작정 따라 하는 줏대 없는 사람을 가리켜 쓰는 말이에요.

낫 놓고 기역자도 모른다
　'ㄱ'자와 똑같이 생긴 낫을 앞에 두고 'ㄱ'자가 어떻게 생겼는지 모를 정도로 아주 무식하다는 뜻.

낮말은 새가 듣고 밤말은 쥐가 듣는다
　세상에 비밀은 없다고 해요. 비밀 얘기를 해도 다른 사람이 들을 수 있다는 말이에요.

내 코가 석자다
　내 사정이 급해서 남의 사정까지 돌볼 수 없다는 말이에요.

냉수 먹고 이 쑤시기
　냉수 마시고는 이빨에 끼일 게 없는데, 잘 먹은 척하는 거겠죠. 실속은 없으면서 남들 앞에서 겉으로만 있는 척하는 사람을 비유한 말이에요.

누워서 떡 먹기
　가만히 누워서 맛있는 떡을 먹는 것은 정말 쉽죠? 어떤 일을 힘들이지 않고 쉽게 한다는 뜻.

누워서 침 뱉기
　누워서 침 뱉으면 다시 내 얼굴에 떨어져요. 다른 사람을 해치려다가 도리어 자기가 해를 입게 된다는 뜻이에요. 나쁜 일 하면 꼭 벌 받아요. 반대로 착한 일 하면 복 받겠죠?

누이 좋고 매부 좋다
　어떤 일이 누구에게나 다 이롭고 좋다는 의미에요.

눈 가리고 아웅
　속이 뻔히 보이는데 남을 속이려 한다는 뜻이에요. 얕은 속임수를 쓰다가 큰코 다칠 수 있답니다.

눈 뜨고 도둑맞는다
　알면서 도둑맞으면 정말 억울하겠죠? 알면서도 할 수 없이 손해를 볼 때 하는 말.

눈 감으면 코 베어 갈 세상이다
　눈 감으면 내 코를 베어 갈 정도로 사람들이 너무 험악해졌음을 빗대어 하는 말이에요.

다 된 죽에 코 풀기
　거의 다 된 일을 망쳐버리는 행동을 가리키는 말이에요. 참 안타깝죠? 언제나 신중하세요.

다람쥐 쳇바퀴 돌 듯
　다람쥐가 계속 쳇바퀴를 돌리듯 앞으로 나아가지 못하고 제자리걸음만 할 때 이렇게 말해요.

달면 삼키고 쓰면 뱉는다
　의리나 지조 없이 자기에게 이로우면 가까이 하고 그렇지 않으면 멀리한다는 뜻이에요.

닭 잡아 먹고 오리발 내민다
　자기가 한 잘못이 드러나게 되자 엉뚱한 변명으로 남을 속이려고 하거나 그 속이는 솜씨가 서툴다는 뜻. 솔직하게 자신의 잘못을 인정하고 사과해 보세요.

닭 쫓던 개 지붕만 쳐다본다
　열심히 노력하던 일이 실패하거나 남에게 뒤떨어져 민망하게 되는 경우에 쓰는 말이에요.

도둑이 매 든다
　잘못한 사람이 미안해 하기는커녕 오히려 화를 내거나 옳은 일을 한 사람을 꾸짖는 경우에 쓰는 말이에요.

도랑 치고 가재 잡는다
　① 논에 물을 빼면서 가재까지 잡으니 한 가지 일로 두 가지 이득을 본다는 의미. ② 가재를 잡으려면 도랑을 치기 전에 잡아야 하는데 일의 순서가 뒤바뀌었음을 나타내는 말.

도토리 키 재기
　비슷비슷한 사람들이 서로 잘났다고 떠든다는 뜻이에요.

독 안에 든 쥐
　도망갈 방법이 전혀 없어 꼼짝없이 잡히게 된 사람을 가리키는 말이에요.

돌다리도 두들겨 보고 건너라
　아무리 잘 아는 일이라도 모든 일에 주의하라는 말이에요.

동에 번쩍 서에 번쩍 한다
　동쪽에서 번쩍! 서쪽에서 번쩍! 여기저기 잽싸게 돌아다니는 날쌘돌이를 나타내는 말이에요.

될성부른 나무는 떡잎부터 안다
　잘 자랄 나무는 어린잎을 보면 알아볼 수 있대요. 그래서 앞으로 훌륭하게 될 사람은 어릴 적부터 알 수 있다는 의미에요.

되로 주고 말로 받는다
　다른 사람에게는 조금만 주고 그 대가로 몇 곱절이나 더 받는다는 말이에요.

뒤로 호박씨 깐다
　겉으로는 얌전하지만 남이 보지 않는 곳에서는 딴 짓을 하는 경우를 이르는 말.

뒤로 자빠져도 코가 깨진다
　일이 안되려면 모든 일이 잘 안 풀리고 전혀 상관없는 일에서도 뜻밖의 큰 불행이 생긴다는 뜻.

등잔 밑이 어둡다
　어떤 것에서 가까이 있는 사람이 멀리 있는 사람보다 그것에 대하여 잘 알기 어렵다는 말.

땅 짚고 헤엄치기
　물속이 아닌 땅위에서 헤엄치기는 식은 죽 먹기겠죠? 매우 쉬운 일을 두고 하는 말.

떡 줄 사람은 꿈도 안 꾸는데 김칫국부터 마신다
　해 줄 사람은 생각지도 않는데 미리부터 다 된 일로 알고 행동한다는 말이에요.

뛰는 놈 위에 나는 놈 있다
　아무리 재주가 뛰어나더라도 그보다 더 뛰어난 사람이 있다는 뜻이에요. 너무 잘난 체하는 사람을 나무라는 말이에요.

말이 씨가 된다
　말은 사람의 마음을 담기 때문에 말을 반복하면 실현될 가능성도 높답니다.

망둥이가 뛰니까 꼴뚜기도 뛴다
아무것도 모르면서 자기 주관이나 생각도 없이 남의 행동을 따라하는 모습을 보고 놀리듯이 하는 말이에요.

맞은 놈은 펴고 자고 때린 놈은 오그리고 잔다
친구를 때린 날은 잠이 안 오죠? 남을 괴롭힌 사람은 미안함과 걱정 때문에 마음이 불편하지만 괴롭힘을 당한 사람은 비록 몸은 아프지만 마음만은 편하다는 말.

매도 먼저 맞는 놈이 낫다
어차피 겪어야 할 일이라면 아무리 어렵고 괴롭더라도 먼저 치르는 편이 낫다는 말이에요.

먼저 난 머리보다 나중 난 뿔이 무섭다
후배가 선배보다 뛰어날 때 쓰는 말.

모기 보고 칼 빼기
모기 잡는 데 칼을 빼다니 우스꽝스럽죠? 아주 작은 일에 너무 심각한 대책을 쓸 때 쓰는 말.

모난 돌이 정 맞는다
너무 뛰어난 사람은 친구들 사이에서 미움받기 쉽죠.

모르는 것이 약이다
알아서 좋을 일이 아니라면 차라리 아예 모르는 게 낫다는 뜻이에요.

목구멍이 포도청
가난에 장사 없다고 배고프면 해서는 안 될 일까지 하게 된다는 말이에요.

목마른 놈이 우물 판다
무슨 일이든 답답하고 아쉬운 사람이 먼저 일을 시작한다는 뜻이에요.

못된 송아지 엉덩이에 뿔 난다
못된 사람은 남의 말 안 듣고 나쁜 짓만 골라가며 한다는 뜻이에요.

못 먹는 감 찔러나 본다
'내가 갖지 못할 바에야 남도 갖지 못하게 못쓰게 만들자'라는 잘못된 태도를 가리키는 말이에요.

무소식이 희소식
나쁜 일은 당연히 소식이 전해오게 마련이라 아무 소식이 없는 것은 오히려 편안하게 잘 있다는 의미겠죠.

물에 빠지면 지푸라기라도 움켜쥔다
아주 급한 상황이 되면 보잘것없는 것에라도 의지하게 된다는 말이에요.

물에 빠진 놈 건져 놓으니 내 봇짐 내라 한다
은혜를 입고도 고마움을 모른 채 도리어 화를 내며 생트집을 잡는다는 말이에요.

미련하기가 곰이라
매우 미련한 사람을 두고 이르는 말.

미꾸라지 한 마리가 온 웅덩이를 흐린다
못된 사람 하나가 우리 반, 우리 학교, 더 나아가 우리나라를 망친다는 뜻이에요.

믿는 도끼에 발등 찍힌다
잘되리라 믿고 있던 일이 잘못되거나 믿고 있던 사람에게 속아서 해를 입는다는 뜻이에요.

밑 빠진 독에 물 붓기
깨진 독에는 아무리 물을 부어도 가득 차지 않죠. 아무리 애써도 끝이 없고 보람도 없다는 뜻이에요.

바늘 가는 데 실 간다
바늘과 실은 항상 함께 하죠? 그만큼 뗄래야 뗄 수 없는 사이를 이르는 말이에요.

바늘구멍으로 황소바람 들어온다
추울 때 아무리 작은 구멍으로 들어오는 바람이라도 차갑게 느껴지죠? 작은 것이라고 결코 소홀히 해서는 안 된다는 말.

바늘 도둑이 소도둑 된다
사소한 나쁜 짓도 자꾸 반복하면 나중에는 큰 일을 저지르게 된다는 뜻이에요.

바람 앞의 등불
바람 앞에 등불은 언제 꺼질지 몰라요. 매우 위태로운 상황에 놓였단 말이에요.

발등의 불
발등에 불이 떨어지면 당장 불부터 꺼야 하겠죠? 어떤 일이 정말 급하게 닥쳤다는 뜻.

발 없는 말이 천 리 간다
사람의 말에는 발이 없어서 천 리 밖에까지도 순식간에 퍼져나갈 수 있어요. 말은 항상 조심해야 한다는 의미에요.

방귀가 잦으면 똥 싸기 쉽다
무슨 일이나 소문이 잦으면 소문 그대로 이루어지기 쉽다는 말이에요. 원인 없는 결과는 없으니까요.

배보다 배꼽이 크다
정작 커야 할 것은 작고 작아야 할 것이 더 커서 손해를 본다는 말.

백 번 듣는 것이 한 번 보는 것만 못하다
무엇이고 여러 번 전해 듣기만 하는 것보다 직접 눈으로 보는 것이 확실하답니다.

백지장도 맞들면 낫다
아무리 쉬운 일이라도 혼자 하는 것보다 서로 도우면 더 쉽게 할 수 있다는 말이에요.

번갯불에 콩 볶아 먹겠다
성미가 급하여 무엇이든지 당장 해치우지 못하여 안달하는 조급한 성격을 이르는 말.

벼룩의 간을 내어 먹는다
① 하는 짓이 매우 작거나 인색한 경우를 일컬을 때 주로 사용하죠. ② 아주 적은 이익을 치사한 방법으로 얻는 것을 비유적으로 이르는 말.

병 주고 약 준다
남을 해치고 나서 약을 주며 도와주는 척한다는 뜻. 교활하고 음흉한 자의 행동을 비유적으로 이르는 말이에요.

보기 좋은 떡이 먹기도 좋다
① 겉보기 좋은 물건이 내용도 좋다는 뜻이에요. ② 겉모양새를 잘 꾸미는 것도 필요함을 비유적으로 이르는 말.

불난 집에 부채질한다
화난 사람을 달래기는커녕 오히려 화가 더 나게 하거나 힘든 상황에 처해 있는 사람을 도와주지는 못하고 일을 더 나쁘게 만들 때 쓰는 말.

비 온 뒤에 땅이 굳어진다
비에 젖으면 땅이 질척거리죠? 그런 땅도 마르면 굳어진답니다. 힘든 일을 겪은 뒤에 더 강해진다는 뜻이에요.

빈 수레가 요란하다
아는 것은 없으면서 겉으로만 잘난 척 떠들어대는 사람에게 이런 말을 하죠.

빛 좋은 개살구
살구와 비슷하지만 시고 떫은 맛이 나는 과일이 개살구예요. 겉모양은 그럴듯하지만 실속이 없는 사람을 일컫는 말이지요.

뿌린 대로 거둔다
농부가 봄이면 씨앗을 뿌려 여름내 땀을 흘려 벼를 기르면 가을 추수에 그만큼 많은 곡식을 얻을 수 있다는 뜻이에요. 공부도 건강도 노력한 만큼 결과를 얻는답니다.

산에 가야 꿩을 잡고 바다엘 가야 고기를 잡는다
목적이나 목표를 제대로 잡고 노력해야만 원하는 결과를 얻을 수 있다는 뜻이에요.

설마가 사람 잡는다
그럴 리 없을 것이라 생각해 아무 노력도 하지 않고 가만히 있으면 큰 일을 당할 수 있다는 말이에요. 항상 최선을 다 해야 좋은 결과도 있게 마련이죠.

세 살 버릇 여든까지 간다
한 번 굳어진 습관은 바꾸기 힘들어요. 어릴 때부터 나쁜 버릇이 들지 않도록 잘 익히고 배워야 한다는 뜻이에요.

소도 언덕이 있어야 비빈다
누구나 의지할 곳이 있어야 무슨 일이든 시작할 수 있다는 뜻이에요.

소 뒷걸음질 치다 쥐 잡기
소가 뒷걸음질을 치다 보면 우연히 쥐를 밟는 수도 있겠죠? 무심코 한 일이 예상 밖으로 좋은 결과를 낳을 때 하는 말이에요.

소 잃고 외양간 고친다
소를 도둑맞은 다음에 외양간을 고친다면 아무 소용 없겠죠? 일이 잘못되기 전에 미리 준비하는 습관을 기르세요.

속 빈 강정
겉만 그럴듯하고 알맹이가 없다는 뜻. 책을 많이 읽으면 속도 꽉 채워진답니다.

쇠뿔도 단김에 빼랬다
어떤 일을 하려고 마음먹었다면 망설이지 말고 바로 행동으로 옮기라는 뜻이에요.

손바닥에 털이 나겠다
손바닥엔 털이 나지 않죠. 손을 얼마나 쓰지 않았으면 털이 다 난다고 할까요? 게을러서 일을 하지 않는 것을 놀릴 때 쓰는 말이에요.

손도 안 대고 코 풀려 한다
자신은 손도 안 대고 남의 도움으로 코를 풀겠다니 정말 너무 했죠? 아무 노력도 하지 않으면서 이익을 보려는 뻔뻔한 행동을 일컫는 말이에요.

수박 겉 핥기
수박의 진정한 맛을 알려면 껍데기가 아닌 빨간 속을 먹어봐야겠죠? 어떤 사물의 속 내용까지 깊이 알지 못하면서 겉만 살짝 건드리는 일을 가리키는 말이에요.

숨다 보니 포도청
도둑이 숨는다고 간 곳이 포도청(경찰서)이라니 당황스럽죠? 뜻밖에 일이 잘못되어 곤란하게 되었을 때 쓰는 말이에요.

수염이 석 자라도 먹어야 양반
아무리 좋은 것, 재미있는 일이 있어도 배가 부르고 난 뒤에야 좋은 줄을 알고 제대로 즐길 수 있다는 뜻이에요.

숯이 검정 나무란다
제 잘못은 생각하지 않고 남의 잘못만 들추어낸다는 뜻이에요.

시루에 물 붓기
구멍이 뚫린 시루에 물을 부으면 물이 쫙 다 빠지듯이 아무리 노력을 해도 아무 소용 없다는 뜻.

신선놀음에 도낏자루 썩는 줄 모른다
어떤 나무꾼이 신선들이 바둑 두는 것을 정신없이 보다가 제정신이 들어 보니 세월이 흘러 도낏자루가 다 썩었다는 옛날 이야기가 있어요. 아주 재미있는 일에 정신이 팔려서 시간 가는 줄 모르는 경우에 하는 말이에요.

싼 게 비지떡
무슨 물건이고 값이 싸면 품질이 좋지 않을 경우가 많다는 의미예요.

아는 길도 물어 가랬다
평소에 늘 하던 쉬운 일일수록 실수가 없도록 조심해야 한다는 말.

아니 땐 굴뚝에 연기 날까
① 원인이 없으면 결과도 없다는 말이에요. ② 실제 어떤 일이 있기 때문에 소문이 난다는 것을 비유적으로 이르는 말.

안 되는 사람은 자빠져도 코가 깨진다
운이 나쁜 사람은 보통 평범한 사람들에게는 일어나지 않는 나쁜 일까지 일어난다는 말이에요.

업은 자식에게 배운다
자기보다 어리고 부족한 사람에게서도 배울 것은 있다는 뜻이에요.

열 번 찍어 안 넘어갈 나무 없다
아무리 뿌리가 깊은 나무라도 계속 도끼로 찍으면 넘어가듯이, 아무리 뜻이 굳은 사람이라도 계속해서 권하거나 꾀고 달래면 결국은 마음이 변할 수 있다는 말이에요.

열 손가락 깨물어 안 아픈 손가락 없다
자식이 아무리 많아도 부모는 어떤 자식이든 사랑스럽지 않은 자식은 없다는 뜻이에요.

오르지 못할 나무는 쳐다보지도 마라
자기 능력 밖의 불가능한 일에 대해서는 처음부터 생각도 하지 않는 것이 좋다는 말이에요.

옥에도 티가 있다
아무리 훌륭한 사람 또는 좋은 물건이라도 자세히 보면 아주 작은 흠은 있다는 뜻이에요.

우물을 파도 한 우물만 파라
이것저것 일을 벌여 놓기만 하면 어떤 것 하나도 제대로 할 수 없대요. 어떠한 일이든 한 가지 일을 끝까지 해야 성공할 수 있다는 말이에요.

우물 안 개구리
우물 안 개구리는 우물이 세상의 전부라고 생각해요. 우물 밖의 세상이 얼마나 넓은지 모르고 자기만 잘난 줄 아는 사람을 가리키는 말이에요.

울며 겨자 먹기
맵다고 눈물까지 흘리며 억지로 겨자를 먹는 것같이 하기 괴로운 일을 억지로 한다는 뜻이에요.

웃는 얼굴에 침 뱉으랴
웃는 얼굴을 한 사람에게 침을 뱉을 수는 없겠죠? 좋게 대하는 사람에게 나쁘게 대할 수 없다는 뜻.

원수는 외나무다리에서 만난다
싫어하는 사람을 피할 수 없는 곳에서 우연하게 만나게 되었을 때 쓰는 말.

원숭이도 나무에서 떨어진다
나무에 잘 오르는 원숭이도 때로는 나무에서 떨어질 때가 있듯이, 아무리 어떤 일을 익숙하게 잘하는 사람이라도 실수할 때가 있다는 말이에요.

윗물이 맑아야 아랫물이 맑다
형이 잘하면 동생도 형따라 잘하게 되는 법! 윗사람이 잘하면 아랫사람도 따라서 잘하게 된다는 말.

이 없으면 잇몸으로 산다
　없으면 안 될 것처럼 꼭 필요한 물건도 없으면 없는 대로 그럭저럭 살아갈 수 있다는 뜻이에요.

입에 쓴 약이 병에는 좋다
　다른 사람의 충고나 비판이 당장은 듣기에 기분 나쁘지만 그것을 좋은 의미로 받아들이면 결국 자신에게 도움이 된다는 뜻이에요.

작은 고추가 맵다
　작다고 얕잡아 보면 안 돼요. 몸집이 작은 사람이 큰 사람보다 재주가 뛰어나고 똑부러질 수 있답니다.

재주는 곰이 넘고 돈은 주인이 받는다
　재주를 보여주는 건 곰이지만 그 대가는 주인이 가져가지요. 이처럼 고생한 사람 대신 다른 사람이 그 대가를 받는 경우에 쓰는 말이에요.

종로에서 뺨 맞고 한강에서 눈 흘긴다
　무시를 당한 자리에서는 아무 말도 못하더니 뒤에 가서 불평을 하거나 다른 사람에게 화풀이를 할 때를 가리키는 말이에요.

쥐구멍에도 볕 들 날 있다
　지금은 아무리 고생을 심하게 해도 언젠가는 운수 펴질 날이 있다는 말이에요.

제 버릇 개 못 준다
　한 번 익힌 나쁜 버릇은 고치기 어렵다는 말. 처음부터 좋은 습관이 들도록 노력해요.

쥐도 새도 모른다
　아무도 모르게 감쪽같이 행동하거나 어떤 일을 처리할 때 쓰는 말이에요.

지렁이도 밟으면 꿈틀한다
　아무리 순하고 좋은 사람이라도 너무 업신여김을 당하면 화를 낸다는 말이에요.

집에서 새는 바가지 들에 가도 샌다
　① 본바탕이 좋지 않은 사람은 어디를 가나 그 모습을 드러내고야 만다는 뜻이에요. ② 집에서 하던 버릇은 쉽게 버리지 못한다는 뜻도 있어요.

찬물도 위아래가 있다
　무엇이든지 순서가 있으니, 그 차례를 따라야 한다는 말이에요.

참새가 방앗간을 그저 지나랴
　곡식 알갱이를 좋아하는 참새가 방앗간을 그냥 지나치긴 어렵겠죠? 그렇게 좋아하는 곳은 그냥 지나치지 못하고 꼭 들르게 된다는 뜻이에요.

천 길 물속은 알아도 한 길 사람 속은 모른다
　아무리 깊은 물이라도 안으로 들어가면 깊이를 알 수 있지만, 사람의 마음은 그 속을 알기가 힘들다는 뜻이에요.

천 냥 빚도 말로 갚는다
　말재주가 좋으면 큰 빚도 갚을 수 있다는 말이에요. 친구들, 가족들에게 항상 좋은 말을 하면 좋겠죠?

천 리 길도 한 걸음부터
　아무리 큰 일이라도 시작이 중요하다는 뜻이에요. 시작이 좋으면 만족스런 결과로 이어질 가능성이 높으니까요.

친구는 옛 친구가 좋고, 옷은 새 옷이 좋다
　새 친구를 얻었다고 옛 친구를 소홀하게 대하면 안 되겠죠? 오래 사귄 친구일수록 정이 두텁고 깊어서 좋지요.

칼로 물 베기
칼로 아무리 물을 베어도 쪼개어지거나 갈라지지 않죠. 다투었다가도 시간이 조금 지나면 곧 사이가 다시 좋아지는 경우를 가리키는 말이에요.

콩 심은 데 콩 나고 팥 심은 데 팥 난다
모든 일은 원인이 있으면 반드시 그에 따른 결과가 생긴다는 뜻이에요.

팔은 안으로 굽는다
친한 사람에게 마음이 더 쓰이고 더 잘해주고 싶은 게 사람 마음이란 뜻이에요.

티끌 모아 태산
아무리 작은 것이라도 모이고 모이면 나중에 큰 덩어리가 되는 법. 작고 하찮은 일도 노력하면 큰 보람이 생긴답니다.

하룻강아지 범 무서운 줄 모른다
어린 강아지가 호랑이에게 덤비다니요! 철없이 함부로 덤비는 경우를 가리키는 말이에요.

하나를 보면 열을 안다
아주 작은 일부만 보고도 전체를 미루어 알 수 있다는 말이에요. 하나라도 소홀하게 대했다가 큰 손해를 볼 수 있답니다. 작은 일에도 최선을 다하세요.

한강에 돌 던지기
아무리 한강에 돌을 많이 집어넣어도 가득 채우기는 어렵겠죠? 아무런 효과나 영향을 미치지 못한다는 뜻이에요.

한 귀로 듣고 한 귀로 흘린다
한쪽 귀로 들은 말을 다른 한쪽 귀로 흘려버리면 아예 안 들은 것과 같겠죠? 남의 말을 귀담아 듣지 않는 경우를 일컫는 말이에요.

헌 짚신도 짝이 있다
아무리 가난하고 볼품없는 사람이라도 누구에게나 짝이 있다는 말.

형만 한 아우 없다
① 아우보다는 경험이 많은 형이 일을 잘 처리한다는 뜻이에요. ② 아우가 형을 생각하는 것이 형이 아우를 생각하고 사랑하는 마음에 못 미치는 경우에도 쓴답니다.

호랑이는 죽어서 가죽을 남기고 사람은 죽어서 이름을 남긴다
호랑이가 죽은 뒤 귀한 가죽을 남기듯 사람이 죽으면 그 사람이 살아있을 때의 생활이나 업적이 남는다고 해요. 그만큼 살아있을 때 훌륭하고 착한 일을 해야 후세에도 존경받는 인물이 된다는 뜻이에요.

호랑이도 제 말하면 온다
① 어느 곳에서나 그 자리에 없다고 남을 흉보면 안 된다는 말이에요. ② 다른 사람의 이야기를 하고 있는데, 마침 그 사람이 나타나는 경우에도 쓴답니다.

호랑이에게 물려 가도 정신만 차리면 산다
아무리 힘들고 위험한 상황이라도 정신만 똑똑히 차리면 위기에서 벗어날 수 있다는 뜻이에요. 어떤 상황에서도 침착하게 용기를 잃지 마세요.

호박이 넝쿨째로 굴러 들어온다
뜻밖에 좋은 물건을 얻거나 행운을 만났다는 뜻이에요. 이보다 좋을 순 없겠죠?

혹 떼러 갔다 혹 붙여 온다
어떤 일이 하기 싫어서 도망치려다 다른 일까지 맡게 되는 불리한 경우를 이르는 말이에요. 잔꾀를 부리면 혼쭐이 나는 법이죠.

기획 컨텐츠연구소 수(秀)

우리 아이들의 말과 글을 어떻게 하면 더 풍성하게 하여 문해력을 높일까 연구하는 기획집단. 전·현직 교사, 학부모, 에디터 등 해당 분야의 전문가들이 머리를 맞대고 정보를 나누며 아이들의 어휘력 향상이라는 지향점 아래 지속적인 시도를 하고 있다.

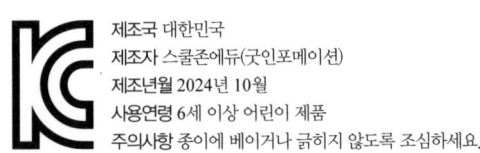

제조국 대한민국
제조자 스쿨존에듀(굿인포메이션)
제조년월 2024년 10월
사용연령 6세 이상 어린이 제품
주의사항 종이에 베이거나 긁히지 않도록 조심하세요.

글씨 바로쓰기 속담편 저학년 1

ISBN 979-11-92878-13-3 73710

개정2판 1쇄 펴낸날 2023년 5월 25일 ‖ 3쇄 펴낸날 2024년 10월 4일

펴낸이 정혜옥 ‖ **기획** 컨텐츠연구소 수(秀)
표지디자인 twoesdesign.com ‖ **표지일러스트** 오성수 ‖ **본문일러스트** 강승구
마케팅 최문섭 ‖ **편집** 연유나, 이은정

펴낸곳 스쿨존에듀
출판등록 2021년 3월 4일 제 2021-000013호
주소 04779 서울시 성동구 뚝섬로 1나길 5(헤이그라운드) 7층
전화 02)929-8153 ‖ **팩스** 02)929-8164
E-mail goodinfobooks@naver.com

- 이 책은 저작권법에 의해 보호받는 저작물이므로 무단 전재와 무단 복제를 금합니다.
- 잘못 만들어진 책은 구입처에서 교환해 드립니다.
- 스쿨존에듀(스쿨존)은 굿인포메이션의 자회사입니다.
- 굿인포메이션(스쿨존에듀, 스쿨존)은 새로운 원고와 기획에 항상 열려 있습니다.